MARIE REICHELT

WEIL WIR GESCHWISTER SIND

Ein Kinderbuch, das zeigt,
warum Geschwisterliebe unbezahlbar ist

Eine Freundschaft wie keine andere

Warum Geschwistersein etwas ganz Besonderes ist.

Wisst ihr, was das Besondere an Geschwistern ist?

Geschwister zu haben ist ein bisschen wie Zauberei.

Ja, wirklich!

Es gibt jemanden, der dich versteht,
ohne dass du ein Wort sagen musst.

Jemanden, der deine Lieblingsspiele genauso liebt wie du.

Mit diesem besonderen Menschen kannst du lachen,
bis dir der Bauch kribbelt, oder zusammen Pläne für das nächste
große Abenteuer schmieden.

Wenn du traurig bist, ist dieser jemand da, um dich zu trösten.

Wenn du mutig sein musst, steht er immer an deiner Seite.

Das ist dein Geschwisterchen: dein Freund fürs Leben.
Dein größter Schatz.

Und das Beste? Diese Zauberei bleibt für immer.

Wenn wir zusammen lachen

So ein Geschwisterlachen ist etwas ganz Besonderes.

Manchmal reicht schon ein Blick. Einer fängt an zu grinsen, und der andere kann einfach nicht anders – er muss mitlachen.

Vielleicht war es eine lustige Grimasse oder ein albernes Wort. Aber eigentlich ist der Grund gar nicht wichtig.

Ihr lacht und lacht, bis euch der Bauch wehtut. Und wenn die anderen fragen „Was ist denn so lustig?", zwinkert ihr euch nur zu.

Denn manche Dinge verstehen eben nur Geschwister.

Gemeinsam unschlagbar

Es gibt Tage, da klappt einfach alles.

Dein Bruder oder deine Schwester weiß sofort, was du vorhast.

Ohne ein Wort zu sagen, packt ihr mit an. Gemeinsam baut ihr die schönsten Dinge, erfindet die tollsten Spiele.

„Halt mal kurz hier", sagst du nur.
Und der andere versteht genau, was du meinst.

Manchmal staunt ihr selbst, was ihr alles zusammen schafft.
Die besten Ideen habt ihr immer zu zweit.

Und am Ende eines solchen Tages seid ihr mächtig stolz.
Denn ihr beide seid ein unschlagbares Team.

Abenteuer in unserer Kleinen Welt

Es ist erstaunlich, was ihr alles entdeckt.

Wo andere nur einen gewöhnlichen Garten sehen, findet ihr die aufregendsten Dinge. Da ist dieser besondere Platz hinter dem Busch, den nur ihr kennt. Oder der schmale Pfad, der zu eurem Geheimversteck führt.

„Komm mit!", flüstert ihr euch zu. Und schon beginnt ein neues Abenteuer.

Die Großen verstehen das nicht. Sie sehen nicht, was ihr seht. Aber das macht nichts.

Denn die schönsten Geheimnisse erlebt man nur zu zweit.

Und am Ende halten wir zusammen

An manchen Tagen seid ihr euch mal nicht einig.

Jeder will was anderes. Einer ist sauer, der andere auch.
Alles ist doof.

„Das ist meins!", ruft der eine.

„Nein, meins!", ruft der andere.

Und schon fliegen die Türen zu.

Dann sagt keiner ein Wort. Jeder spielt alleine. Und es fühlt sich nicht richtig an.

Aber irgendwann schaut einer zum anderen herüber.

Ein kleines Lächeln. Ein leises "Komm".

Und plötzlich ist alles wieder gut. Denn ihr wisst:
Zusammen ist es einfach schöner als allein.

So unterschiedlich, so perfekt

Einer baut am liebsten Türme.

Der andere malt lieber Bilder.

Einer kennt die besten Verstecke.

Der andere weiß, wo die schönsten Blumen wachsen.

Manchmal staunt ihr selbst, wie unterschiedlich ihr seid.

Aber gerade das macht alles spannend.

Einer hat diese Idee, der andere jene.

Zusammen fallen euch die tollsten Sachen ein.

Und am Ende eines Tages wisst ihr:
Es ist gut, dass jeder anders ist.

Mut ist, wenn du da bist

Manchmal ist es schwer, mutig zu sein.

Das kennt ihr beide. Wenn etwas neu ist oder aufregend.
Wenn das Herz schneller klopft und die Beine weich werden.

Aber es ist anders, wenn ihr zusammen seid.
Einer macht den ersten Schritt. Der andere folgt.
Manchmal ist es auch umgekehrt.

Ihr braucht dafür keine Worte. Ihr wisst einfach:
Keiner muss alleine mutig sein.

Ich bin da, wenn du fällst

Es gibt diese Tage. Tage, an denen man hinfällt.
Tage, an denen etwas nicht klappt.
Tage, an denen man traurig ist.

Aber zum Glück seid ihr zwei.
Einer tröstet, einer wird getröstet.
Mal so, mal anders herum.

Das ist das Schöne: Ihr könnt beides sein –
stark und schwach.

Heute du, morgen ich

Manchmal bist du der Große.
Der, der zeigt, wie alles geht. Der, der hilft und erklärt.
Der, der die Lösungen kennt.

Und manchmal bist du der Kleine.
Der Hilfe braucht und fragt.
Der noch üben muss. Der sich anlehnen will.

Das Beste daran?
Es ist völlig egal, wer wann was ist.

Unsere schönsten Erinnerungen

Wisst ihr noch?

Der Tag, als ihr den Regenbogen gesehen habt.
Der große Schneemann im letzten Winter.
Das Kastaniensammeln im Herbst.
Die Geschichte vorm Einschlafen.

Es sind die kleinen Dinge.
Lauter kleine Schätze, die ihr zusammen sammelt.

Das sind eure Momente.
Die Momente, die nur ihr kennt.
Die Momente, die bleiben.

Du zeigst mir die Welt

Eigentlich ist es lustig: Die Großen denken,
sie müssen euch alles beibringen.

Dabei seid ihr selbst die besten Lehrer.

Einer probiert etwas aus, der andere schaut zu.
Beim nächsten Mal ist es umgekehrt.

Manchmal geht auch mal was schief.

Aber das ist nicht schlimm. Ihr versucht es einfach noch
einmal. Und noch einmal. So lange, bis es klappt.

Die Großen staunen manchmal,
was ihr schon alles könnt. Aber ihr wisst längst:
Mit einem Geschwisterkind lernt sich's einfach am besten.

Für immer an deiner Seite

Es ist praktisch, wenn man sich so gut kennt.

Einer weiß, wo die Sachen sind, die der andere sucht. Wenn einer eine Idee hat, errät der andere schon, was es werden soll. Und wenn einer nicht weiterweiß, hat der andere meist die Lösung.

Das klappt einfach. Ganz von selbst. Und wenn die anderen fragen, was ihr da macht, zuckt ihr nur mit den Schultern. Das ist eben eure Sache.

Keine Zeit für Langeweile

Mit Geschwistern ist immer was los.

Mal lacht ihr zusammen, mal zankt ihr euch. Mal baut ihr die tollsten Sachen, mal macht jeder sein eigenes Ding. Mal seid ihr unzertrennlich, mal braucht ihr eine Pause voneinander.

Aber langweilig? Langweilig wird es nie.

Das ist das Tolle daran: Mit euch ist jeder Tag anders. Und jeder Tag ist spannend.

Das könnt nur ihr

Andere haben auch Geschwister.
Aber keiner hat genau so einen Bruder wie du.
Keine hat genau so eine Schwester wie du.

Ihr seid einmalig. Nicht weil ihr besonders seid.
Sondern weil es euch nur zusammen gibt.

Das ist euer Geheimnis: Ihr macht euch gegenseitig zu dem, was ihr seid.

Stark wie Superhelden

Das mit dem Superhelden-Sein ist gar nicht so schwer.

Man muss nur wissen, wann der andere Hilfe braucht.
Wann einer Angst hat.
Wann einer sich nicht traut.
Wann einer alleine nicht weiterkommt.

Dann ist man einfach da. Steht daneben. Macht mit.
Mehr braucht es nicht.

Das können Geschwister besonders gut.

Geschwister-Power

Manchmal ist einer von euch sauer auf den anderen.
Das ist normal.

Aber wenn jemand anderes kommt und blöde
Sachen sagt oder gemein ist, dann passiert etwas
Merkwürdiges:

Ihr steht plötzlich Schulter an Schulter.
Wie eine Mauer.
Wie ein Team.

Der Streit von heute Morgen? Vergessen.
Der Ärger von gestern? Egal.
Denn niemand darf euer Geschwisterchen ärgern.
Niemand. Nur ihr selbst.

Ein Zimmer, Zwei Welten

Das mit dem Kinderzimmer ist so eine Sache.

Hier ein Berg aus Bauklötzen.
Dort eine Höhle aus Decken.
Hier eine geheime Schatzkiste.
Dort ein Piratenversteck.

Wenn ihr gut drauf seid, wird aus zwei Welten eine.
Wenn nicht, zieht ihr einen Strich dazwischen.

Aber egal wie: Es ist und bleibt euer Reich.

Unsere Pläne

Eure Eltern kennen diesen Blick.
Wenn einer anfängt zu grinsen.
Wenn der andere zurück grinst.
Wenn ihr beide die Köpfe zusammensteckt.

„Was plant ihr denn jetzt schon wieder?",
fragen sie dann.
Aber da seid ihr schon verschwunden.

Denn die besten Ideen brauchen Zeit.
Und einen guten Platz zum Aushecken.
Und zwei, die zusammenhalten.

An alle Geschwister da draußen:

Geschwister sein ist etwas ganz Besonderes. Jeder Tag bringt neue Abenteuer, neue Herausforderungen und neue schöne Momente. Wir hoffen, dieses Buch hat euch zum Lachen gebracht und euch an eure eigenen Geschwister-Momente erinnert.

Hat euch das Buch gefallen? Dann würden wir uns freuen, wenn ihr bei Amazon eine kleine Bewertung hinterlasst. So finden auch andere Geschwister den Weg zu diesem Buch.

Danke fürs Lesen!

Imprint

Für Fragen und Anregungen:
E-Mail: kontakt@kroko-verlag.com
ISBN Paperback: 978-3-949809-53-8

Originalausgabe, Erste Auflage 2025

7901 4TH ST N STE 300, St. Petersburg Florida 33702, United States

Redaktion: Sebastian Klopfer
Lektorat und Korrektorat: Melina Bartels
Covergestaltung: Danileoart, www.danileoart.com
Satz und Layout: Danileoart

Printed in Poland
by Amazon Fulfillment
Poland Sp. z o.o., Wrocław

48714523R00026